## 글쓴이 양태석

1991년 월간 〈문학정신〉에 단편소설이 당선되었어요. 여러 출판사에서 편집장으로 일했고 지금은 소설과 동화를 쓰고 있어요.
지금까지 쓴 책으로는 소설집 《다락방》과, 동화집 《아빠의 수첩》《아빠의 꽃다발》《책으로 집을 지은 악어》《명절은 어떤 날일까요?》
《강물아 강물아 이야기를 내놓아라》《질문왕 비리비리 통통》《1318 행복을 공부합니다》 등의 책이 있어요.

## 그린이 윤진현

대학교에서 일러스트를 공부하고 지금은 어린이책에 그림을 그리고 있어요. 그동안 쓰고 그린 책으로는 《내 마음을 보여 줄까?》
《고릴라 할머니》《내가 왕이야!》가 있으며, 그린 책으로는 《안전을 책임지는 책》《신기한 바다 치과》《내 친구 맹자의 마음 학교》 등이 있어요.

### 절기는 어떤 날일까요?

1판 1쇄 발행 | 2016. 2. 23.
1판 5쇄 발행 | 2024. 12. 1.

양태석 글 | 윤진현 그림

발행처 김영사 | 발행인 박강휘 | 편집 문자영 | 디자인 윤소라
등록번호 제 406-2003-036호 | 등록일자 1979. 5. 17. | 주소 경기도 파주시 문발로 197 (우 10881)
전화 마케팅부 031-955-3100 | 편집부 031-955-3113~20 | 팩스 031-955-3111

© 2016 양태석, 윤진현
이 책의 저작권은 저자에게 있습니다. 저자와 출판사의 허락 없이 내용의 일부를 인용하거나
발췌하는 것을 금합니다.

값은 표지에 있습니다.
ISBN 978-89-349-7364-5  77380

좋은 독자가 좋은 책을 만듭니다. 김영사는 독자 여러분의 의견에 항상 귀 기울이고 있습니다.
전자우편 book@gimmyoung.com | 홈페이지 www.gimmyoung.com

이 도서의 국립중앙도서관 출판시도서목록(CIP)은 서지정보유통지원시스템 홈페이지(http://seoji.nl.go.kr)와
국가자료공동목록시스템(http://www.nl.go.kr/kolisnet)에서 이용하실 수 있습니다.
(CIP제어번호 : CIP2016004149)

|어린이제품 안전특별법에 의한 표시사항| 제품명 도서  제조년월일 2024년 12월 1일
제조사명 김영사  주소 10881 경기도 파주시 문발로 197  전화번호 031-955-3100  제조국명 대한민국
사용 연령 8세 이상  ⚠주의 책 모서리에 찍히거나 책장에 베이지 않게 조심하세요.

# 절기는 어떤 날일까요?

양태석 글 | 윤진현 그림

주니어김영사

## 봄의 시작, 입춘 立春

입춘은 24절기 중 첫 번째 절기로
양력 2월 4일 또는 5일이에요.
입춘은 봄이 시작된다는 뜻이지요.
옛날에는 입춘을 한 해를 시작하는 날이라고 생각해서
입춘 하루 전날 방과 마루, 문에 콩을 뿌려 나쁜 귀신을 쫓았어요.
또 대문이나 기둥에 '立春大吉(입춘대길)'이라는 글씨를 붙이고
복이 많이 들어오기를 빌었어요.

입춘에는 자기가 하는 일을 아홉 번 되풀이하는 '아홉차리'와
남 몰래 좋은 일을 하는 '적선공덕행'이라는 풍습이 있어요.
그리고 나무 소를 이용한 목우놀이나 입춘굿놀이를 하고,
모듬 나물, 탕평채, 산적, 죽순 나물, 달래 나물,
냉이 나물 등을 먹는답니다.

## 봄비가 내리고 싹이 트는 우수 雨水

우수는 24절기의 두 번째 절기로 양력 2월 18일 또는 19일이에요.
우수가 되면 날씨가 풀려 따뜻한 봄바람이 불고 새싹이 돋지요.
예로부터 우수와 경칩이 되면 얼었던 대동강 물도 녹는다고 했어요.

이 무렵이면 농부는 논밭에 숨어 있는 해충을 잡기 위해
논이나 밭두렁을 태우고 한 해 농사 준비를 한답니다.
하지만 요즘에는 산불 위험 때문에 보기 힘든 광경이 되었어요.

## 개구리가 튀어나오는 경칩 驚蟄

경칩은 24절기 중에 세 번째 절기로
양력 3월 5일 또는 6일이에요.
경칩은 겨울잠을 자던 동물이 깨어 움직인다는 뜻이지요.
이 무렵에는 개구리가 겨울잠을 깨어 튀어나오고
나무에는 싹이 트기 시작한답니다.

그리고 이 날, 흙벽을 새로 바르면 빈대가 없어진다고 해요.
빈대가 심한 집에서는 그릇에 물과 재를 담아
방 네 귀퉁이에 놓아 빈대를 쫓기도 했어요.
또 날이 어두워지면 은행나무 주변을
산책하는 풍습도 있답니다.

## 낮이 길어지기 시작하는 춘분 春分

춘분은 24절기 중 네 번째 절기로
양력 3월 20일 또는 21일이에요.
이 날은 밤낮의 길이가 똑같아요.
하지만 해가 진 뒤에도 빛이 어느 정도
남아 있어서 낮이 조금 더 길게 느껴진답니다.

춘분이 되면 철이 이른 곡식의 씨를 뿌리고
조금씩 농사 준비를 해요.
한 해 농사를 시작하는 거예요.
그런데 이 무렵에는 꽃이 피는 것을 시샘하는
꽃샘바람이 불어 며칠 동안 겨울처럼 추워지기도 해요.
이것을 꽃샘추위라고 하지요.

# 나무 심기에 좋은 청명 清明

청명은 24절기 중 다섯 번째 절기로
양력 4월 4일 또는 5일이에요.
한식*과 식목일이 청명과 겹치지요.
청명은 날이 풀리고 화창해져서 나무 심기 좋은 때예요.
청명에는 나무를 심고 그 나무에 자신의 이름을 붙이는
풍습이 전해지는데 이를 '내 나무 심기'라고 한답니다.
남자는 소나무를 심고 여자는 오동나무를 심지요.

농촌에서는 이 무렵부터 일손이 바빠져요.
논밭 가래질, 논둑 밭둑 다지기, 보리밭 매기,
채소 씨앗 뿌리기 등을 하느라 일손 구하기가 힘들 정도예요.

＊**한식** : 명절의 하나로, 4월 5일이나 6일쯤이며
　　　　조상의 산소를 찾아 제사를 지내거나 벌초를 하는 날

# 반가운 비가 내려요, 곡우 穀雨

곡우는 24절기 중 여섯 번째 절기로
양력 4월 20일 또는 21일이에요.
곡우란 봄비가 내려 온갖 곡식이 잘 자란다는 뜻이지요.
이때에는 못자리*에 쓸 볍씨를 담가 둔답니다.
옛날에는 볍씨를 매우 소중히 여겨서 못된 사람에게는 보여 주지도 않을 정도였어요.

곡우에는 산다래나무, 자작나무, 박달나무 등에서
나오는 수액을 약수로 먹었어요.
또 이때 서해에서 잡히는 조기를 '곡우살이'라고 하는데
크기는 작지만 연하고 맛이 좋아 즐겨 먹었어요.

***못자리** : 볍씨를 뿌려 모를 기르는 곳

## 여름이 왔어요, 입하 立夏

입하는 24절기 중 일곱 번째 절기로
양력 5월 5일 또는 6일이에요.
입하는 여름에 들어선다는 뜻이지요.
이 무렵에는 모판의 모가 쑥쑥 자라고 농사일도 더 바빠져요.
또 벌레가 많아지는 때여서 열심히 해충을 잡고
잡초도 뽑아야 해요.

입하에는 이팝나무 꽃을 보고 풍년과 흉년을 점친답니다.
꽃이 활짝 피면 풍년이 들고,
조금 피면 흉년이 들 거라고 예상했어요.
또 입하에는 쌀가루와 쑥을 버무려 만든
'쑥버무리'라는 떡을 먹었답니다.

# 온 세상에 만물이 가득 차는 소만 小滿

소만은 24절기 중 여덟 번째 절기로 양력 5월 21일 또는 22일이에요.
소만이란 만물이 점점 자라 가득 찬다는 뜻이지요.
이때부터 여름에 접어들기 때문에 모내기가 시작되고,
보리 베기와 김매기 등을 하느라 무척 바빠져요.

그런데 모든 나무가 푸르게 우거지는 이 시기에 대나무만 누렇게 변해 간답니다. 어미 대나무가 새로 자라는 죽순에게 영양분을 모두 주어 버려서 그렇다고 해요.
소만에는 냉잇국을 최고의 음식으로 생각했답니다. 또 죽순을 따다가 고추장에 찍어 먹거나 양념에 무쳐 먹기도 했지요.

# 씨를 뿌리기 시작하는 망종芒種

망종은 24절기 중 아홉 번째 절기로
양력 6월 5일 또는 6일이에요.
망종이란 벼나 보리처럼 수염이 있는 곡식을 말하는데,
이때가 곡식의 씨를 뿌리기에 가장 좋다고 해요.

이 무렵에는 보리 베기, 모내기, 김매기 등을 한답니다.
보리를 많이 심는 남쪽에서는 일 년 가운데 가장 바쁜 때여서
'발등에 오줌 눈다.'는 속담이 있을 정도예요.

망종에는 풋보리로 보리죽을 해 먹는 풍습이 있는데,
이렇게 하면 여름에 보리밥을 아무리 먹어도
배탈이 안 난다고 믿었어요.

## 낮이 가장 긴 하지 夏至

하지는 24절기 중 열 번째 절기로
양력 6월 21일 또는 22일이에요.
이 날은 일 년 중 낮 시간이 가장 긴 날인데
무려 14시간 35분이나 된답니다.

이 무렵에는 모내기도 끝나고 장마가 시작돼요.
강원도에서는 햇감자가 나오기 시작하는데
햇감자를 쪄 먹거나 갈아서 감자전을 부쳐 먹지요.

만일 하지가 되어도 비가 오지 않으면 폭포 아래 용소*에서
기우제를 지냈어요. 이때 돼지나 소의 피를 용소 주변에 묻혀 두면
용신이 용소를 깨끗이 하려고 비를 뿌려 준다고 믿었거든요.

*용소 : 폭포 바로 밑에 있는 깊은 웅덩이

# 더위가 시작되는 소서 小暑

소서는 24절기 중 열한 번째 절기로
양력 7월 7일 또는 8일이에요.
소서란 더위가 시작되는 시기라는 뜻이지요.
이때에는 모가 잘 자라도록 피를 뽑아 주어야 해요.
피는 논에서 자라는 잡초예요.
또 논둑과 밭두렁의 풀을 베어 퇴비도 만들지요.

이 무렵에는 호박 등 각종 채소가 나오고
제철을 만난 갖가지 계절 음식이 입맛을 당기지요.

또 바다에서는 민어가 한창이어서 이때 잡은 민어로
조림이나 구이, 회, 찜 등을 해 먹어요.
민어 매운탕과 민어포도 참 맛있답니다.

# 땀이 뻘뻘, 가장 더운 대서 大暑

대서는 24절기 중 열두 번째 절기로
양력 7월 22일 또는 23일이에요.
대서란 일 년 중 가장 더운 때라는 뜻이에요.
이때는 삼복더위의 하나인 중복 때로
장마가 끝나면서 무더위가 찾아온답니다.

이 무렵에는 때때로 천둥 번개와 함께 엄청난 소나기가 내려요.
이때 미꾸라지들이 빗줄기를 타고 하늘로 치솟았다가
떨어지기도 하는데 이 미꾸라지를 지져 먹으면
몸에 기운이 솟는다고 해요.

이 무렵에는 참외나 수박, 채소 등이 많이 나와요.
특히 과일 맛이 가장 좋을 때랍니다.

## 가을의 시작을 알리는 입추 立秋

입추는 24절기 중 열세 번째 절기로
양력 8월 7일 또는 8일이에요.
입추란 가을에 들어선다는 뜻으로
아직 더위가 남아 있는 때이지만
밤에는 선선한 바람이 불기 시작해요.

이 무렵에는 참깨와 옥수수를 거두고
김장용 배추와 무를 심어요.
벼농사의 성공은 이때의 날씨에 달려 있지요.
입추부터 처서까지 비가 오지 않고
햇볕이 쨍쨍 내리쬐면 풍년이 든답니다.
하지만 이 무렵에 비가 계속 내리면
비가 그치기를 기원하는 기청제를 지냈답니다.

# 조금씩 더위가 가시는 처서 處暑

처서는 24절기 중 열네 번째 절기로 양력 8월 23일 또는 24일이지요.
처서란 여름이 지나 선선한 가을이 되어 더위를 식힌다는 뜻이에요.

이 무렵에는 햇볕이 약해져서 풀이 더 자라지 않기 때문에
논두렁이나 산소의 풀을 깎지요.
또 처서가 지나면 모기와 파리가 줄어들고 농사일은 추수만 남는답니다.
그리고 제철 과일인 복숭아 맛이 최고인 때랍니다.

처서에는 '포쇄'라는 풍습이 있어요.
장마 동안 눅눅해진 옷이나 책, 곡식 등을
햇빛과 가을바람에 말리는 것을 말하지요.

# 맑은 이슬이 내리는 백로 白露

백로는 24절기 중 열다섯 번째 절기로
양력 9월 7일 또는 8일이에요.
흰 이슬이 내려 가을이 깊어진다는 뜻이지요.
이 무렵에는 밤 기온이 내려가 풀잎에 맑은 이슬이 맺혀요.
이 이슬을 훑어 먹으면 오래된 속병이 낫는다고 하지요.

이 무렵에는 보통 맑은 날이 이어져 곡식이 잘 여물어요.
만약 이때 비가 많이 내리면 벼농사를 망칠 수도 있어요.
그래서 '백로에 비가 오면 곡식이 겉만 여물고
과일은 단물이 빠진다.'는 말이 있답니다.

백로의 제철 과일은 포도예요. 옛 어른들은 이때 나온 첫 포도를
맏며느리에게 통째로 먹이면 아이를 많이 낳는다고 믿었어요.

# 점점 밤이 길어져요, 추분 秋分

추분은 24절기 중 열여섯 번째 절기로
양력 9월 23일 또는 24일이에요.
추분에는 낮과 밤의 길이가 똑같아요.
이날 이후부터는 차차 밤이 길어지고요.

이 무렵은 추수기라서 여러 가지 곡식이 풍성해요.
추분에 주로 먹는 음식은 호박고지, 박고지,
호박순, 깻잎, 고구마순 등이 있어요.
또 버섯 맛이 가장 좋은 철이기도 해요.
이때에는 날마다 논밭의 곡식을 거두어들이고
목화와 고추를 따서 말리는 등 하루가 바쁘답니다.

# 찬 이슬이 내리는 한로 寒露

한로는 24절기 중 열일곱 번째 절기로
양력 10월 8일 또는 9일이에요.
이슬이 찬 공기를 만나 서리로 변하기 전이라는 뜻이지요.
이 무렵은 오곡백과를 수확하는 때라서
농촌에서는 타작이 한창이에요.

한로에는 가을 단풍이 아름답게 물들고
제비 같은 여름 철새는 떠나고 기러기 같은 겨울 철새가 날아와요.

한로에는 국화로 전을 부쳐 먹고 술도 담가 먹어요.
또 살이 오른 미꾸라지를 잡아 추어탕을 끓여 먹지요.
추어탕은 기운을 북돋우는 데 아주 좋은 음식이에요.

# 서리가 내리기 시작하는 상강霜降

상강은 24절기 중 열여덟 번째 절기로
양력 10월 23일 또는 24일이에요.
상강이란 서리가 내린다는 뜻이지요.
이 무렵에는 맑은 날씨가 계속되는데
밤에는 기온이 뚝 떨어져 서리가 내릴 때도 있어요.
이때가 되면 겨울잠을 자는 짐승들은 보금자리를 찾아다녀요.

상강에는 가을걷이 등 농사일이 거의 끝나요.
가을걷이가 늦은 지방에서는 이 무렵까지
호박과 밤, 감 등을 따고 조와 수수를 수확하지요.
또 서리가 내리기 전에 마지막 고추와 깻잎을 따고,
고구마와 땅콩도 캔답니다.

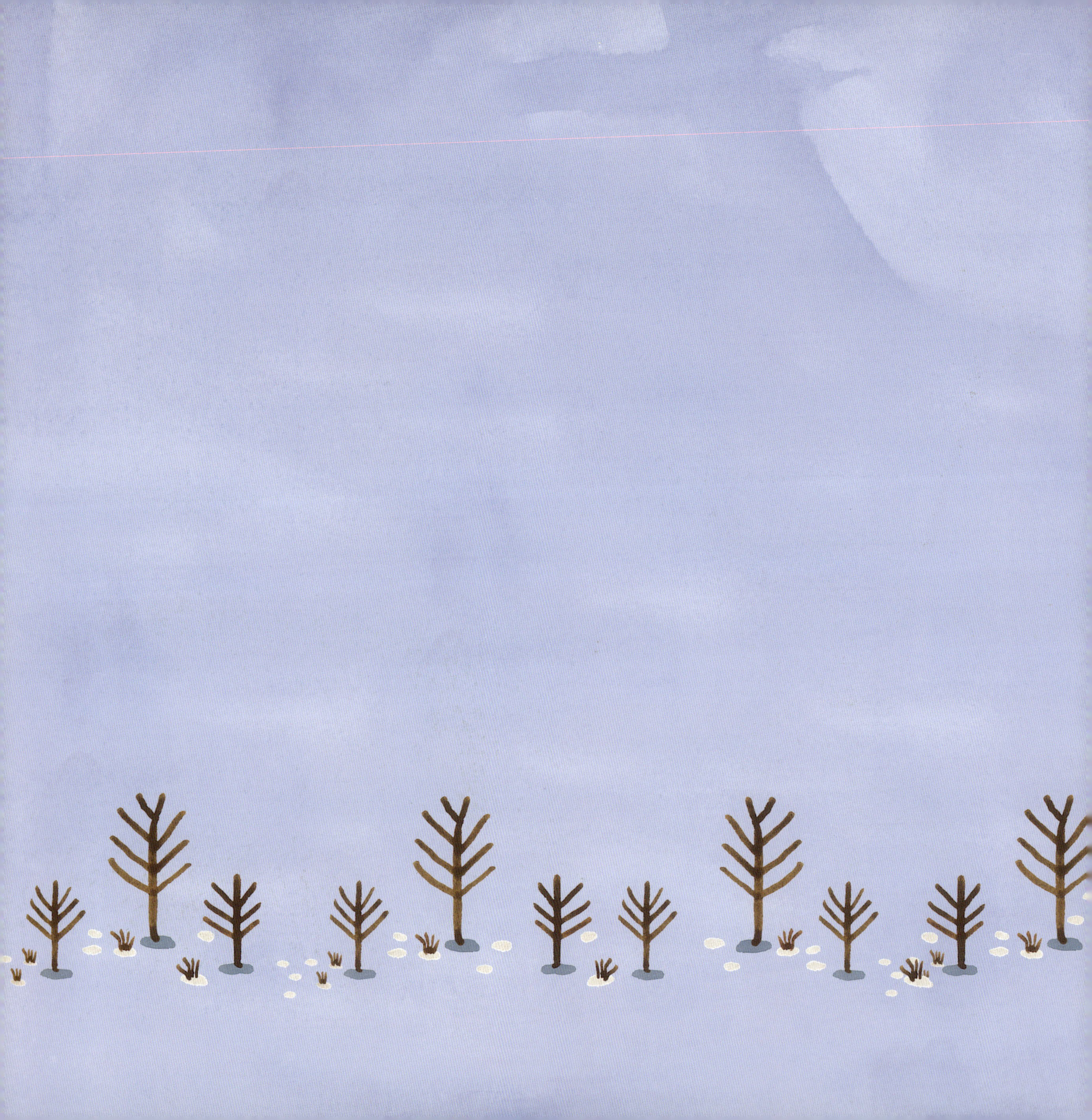

# 겨울

- 입동
- 소설
- 대설
- 동지
- 소한
- 대한

## 겨울이 오고 있어요, 입동立冬

입동은 24절기 중 열아홉 번째 절기로
양력 11월 7일 또는 8일이에요.
겨울에 들어선다는 뜻으로 이 무렵에는 늦가을 낙엽이 쌓이고
찬바람이 불어와 겨울 채비를 한답니다.
또 집집마다 땔감을 모으고 김장을 담그지요.

입동에는 햇곡식으로 시루떡을 쪄서 집안 곳곳에 놓고 고사를 지내요. 이 떡은 가족과 이웃은 물론 외양간의 소에게도 나누어 준답니다.

입동과 동지에는 노인들에게 선물을 하는 풍습도 있었어요. 이때만큼은 가난한 농부도 노인들을 위해 곡식을 내놓았지요.

## 얼음이 얼기 시작하는 소설小雪

소설은 24절기 중 스무 번째 절기로
양력 11월 22일 또는 23일이에요.
겨울로 들어서서 눈이 조금씩 내린다는 뜻이지요.
이 무렵에는 날씨가 추워져 살얼음이 얼기도 해요.

소설에는 타작한 벼를 말려 곳간에 쌓아 둔답니다.
또 멍석에 무말랭이를 널고 처마 밑에서는 곶감을 말리지요.

이때에는 강풍이 불면서 매서운 추위가 몰려오기도 하는데
이때 부는 바람은 '손돌바람', 추위는 '손돌추위'라고 해요.
이 말은 고려 시대 공민왕 때 억울하게 죽은
뱃사공 손돌의 이야기에서 비롯되었답니다.

# 눈이 펄펄 내리는 대설 大雪

대설은 24절기 중 스물한 번째 절기로
양력 12월 7일 또는 8일이에요.
대설은 눈이 많이 내린다는 뜻이에요.
이 무렵에는 메주를 쑨답니다.
메주는 된장, 고추장, 간장 등을 만드는 재료라서
아주 정성껏 담가야 해요.
우리나라 음식 맛은 거의 장에서 나온다고 하지요.

대설에 눈이 많이 내리면 그해 겨울은 별로 춥지 않고
다음 해에는 풍년이 든다고 해요.
또 '눈은 보리의 이불'이라는 말이 있는데
눈이 보리를 덮어 주면 보온 효과가 생겨서
보리가 잘 자라기 때문에 생긴 말이에요.

# 밤이 가장 긴 동지冬至

동지는 24절기 중 스물두 번째 절기로
양력 12월 21일 또는 22일이에요.
동짓날은 일 년 중 밤이 가장 긴 날이지요.
동지는 '작은 설'이라고 해서 24절기 중 가장 큰 명절이에요.

동짓날에는 팥죽을 쑤어 먹어요.
팥죽에는 찹쌀로 만든 새알심을 넣는데
자기 나이 수만큼 새알심을 먹는 풍습이 있답니다.
이외에 동지에 먹는 음식으로는 동지받이*, 냉면,
청어, 팥 시루떡 등이 있어요.

*동지받이 : 동지 때 함경도 앞바다에서 잡은 명태

# 가장 추운 날, 소한 小寒

소한은 24절기 중 스물세 번째 절기예요.
양력 1월 5일 또는 6일이지요.
소한은 '작은 추위'라는 뜻인데 우리나라에서는
대한보다 소한이 훨씬 춥답니다.
그래서 '대한이 소한 집에 놀러 갔다가 얼어 죽었다.',
'소한 얼음 대한에 녹는다.'는 속담이 있을 정도예요.
우리나라에서 소한이 대한보다 추운 이유는
옛사람들이 절기를 만들 때 중국을 기준으로
만들었기 때문이에요.
이 무렵에는 기러기가 북쪽으로 돌아가고,
까치는 집을 짓기 시작하고 꿩이 자주 운답니다.

# 한 해의 마지막 절기, 대한 大寒

대한은 24절기 중 마지막 절기로
양력 1월 20일 또는 21일이에요.
대한은 '큰 추위'라는 뜻인데 우리나라에서는
소한보다 덜 추울 때도 있답니다.
겨울 추위는 입동에서 시작해 소한이 되면 점점 추워지고,
대한에 가까워지면서 더 추워지지요.
그리고 대한이 지나면 추위는 점점 약해져요.

우리나라를 비롯한 동양에서는 대한의 마지막 날을
한 해의 마지막 날이라고 생각했어요.
그래서 이날에는 방이나 마루, 문에 콩을 뿌려
나쁜 귀신을 쫓고 새해(입춘)를 맞는 풍습이 있었어요.
또 이 무렵에 집수리를 하기도 했답니다.

# 절기는 이렇게 만들었어요

## 24절기는 언제 어디서 만들었을까?

24절기는 지금으로부터 약 3000년 전 중국 주나라 때 만들어졌어요.

중국에서는 원래 농사를 지을 때 15일을 주기로 변화하는 달의 변화에 따른 음력 날짜를 사용했어요. 해를 기준으로 하지 않고 달을 기준으로 생활하면 어김없이 15일을 주기로 변화하기 때문이에요. 이렇게 15일을 주기로 생활하면 농사 계획을 세우는 데 더 편리했답니다. 그런데 계절의 변화는 태양의 움직임에 따른 것이라서 음력 날짜와 잘 맞지 않았어요. 달이 지구를 한 번 도는 데 걸리는 시간은 29.5일로 일 년을 계산해 보면 354일이 된답니다. 그런데 지구가 해를 도는 데 걸리는 시간은 365일이어서 11일이나 차이가 나지요. 그래서 음력에다 계절의 변화를 알려 주는 장치를 더해서 24절기를 만든 것이에요. 즉 음력 날짜를 기준으로 하되 양력의 이로운 점을 넣어 계절 변화를 정확하게 예상하고 대비하게 한 것이 바로 24절기지요.

이런 원리로 만든 달력을 태음태양력이라고 해요. '음'은 달을 뜻하고 '양'은 태양을 뜻해요. 즉 태양과 달의 운동을 모두 따져서 만든 것이 태음태양력이지요.

이러한 역법이 우리나라에 전해진 것은 삼국 시대예요. 백제 시대 때 중국에서 역법을 들여와 사용했다는 기록이 남아 있어요. 그러다가 조선 시대 세종 대왕 때 우리나라의 계절 상황을 반영하여 중국과 약간 다르게 역법을 만들어 사용했답니다.

## 24절기는 어떻게 나누었을까?

지구를 중심으로 보았을 때, 하늘에는 태양이 움직이는 길인 황도가 있어요. 이 황도가 15도씩 움직인 것을 바탕으로 24절기를 나누었어요. 즉 0도일 때는 춘분, 15도일 때는 청명, 45도일 때는 입하, 90도일 때는 하지, 180도일 때는 추분, 270도일 때는 동지예요.

## 양력과 음력

예로부터 서양에서는 태양의 움직임을 기준으로 만든 양력을 사용했고, 동양에서는 달의 변화를 기준으로 만든 음력을 사용했어요. 양력은 약 3800년 전부터 이집트에서 시작되어 주변으로 퍼져 나갔어요. 하지만 이집트 문명의 영향을 받지 않은 마야 문명, 잉카 문명 사람들도 스스로 양력을 알아내 사용했다고 해요.

음력은 달이 차고 기우는 모양을 바탕으로 하기 때문에 날짜를 알기 쉽답니다. 하지만 계절의 변화를 정확히 알기는 어려웠어요. 이런 불편을 해결하기 위해 24절기가 생긴 것이지요. 실제로 농부들은 지금도 농사를 지을 때 24절기의 도움을 받고 있답니다.

## 일 년 중 가장 더운 날, 삼복

삼복은 여름철에 몹시 더운 기간인 초복, 중복, 말복을 말해요. 보통 음력으로 6~7월 사이에 들어 있지요. 이때는 더위를 피하기 위해 음식을 마련해 계곡이나 산으로 놀러가는 풍습이 있어요. 삼계탕 등 더위를 이기는 데 도움이 되는 음식을 먹는 풍습이 지금까지 이어지고 있지요. 삼복은 원래 중국을 최초로 통일한 진나라 풍습인데 나중에 우리나라로 전해졌다고 해요. 초복, 중복, 말복을 24절기로 오해하기도 하는데 삼복은 24절기와 상관이 없답니다.

## 24절기와 4대 명절

예로부터 우리나라에서는 설, 한식, 단오, 추석을 4대 명절이라고 했어요. 이런 명절을 24절기와 혼동하는 경우가 있는데, 명절과 절기는 분명히 다르답니다.

24절기는 태양의 움직임에 따라 1년을 24개로 나누어 계절의 변화를 나타낸 거예요. 이와 달리 명절은 달의 변화, 즉 음력 날짜를 기준으로 해서 정해 놓은 날이에요. 우리나라 사람들은 주로 홀수가 겹치는 날과 보름달이 뜨는 날을 좋은 날로 여겨 명절로 삼았답니다.